Vulnerabilidades

Editora Appris Ltda.
1.ª Edição - Copyright© 2020 dos autores
Direitos de Edição Reservados à Editora Appris Ltda.

Nenhuma parte desta obra poderá ser utilizada indevidamente, sem estar de acordo com a Lei nº
9.610/98. Se incorreções forem encontradas, serão de exclusiva responsabilidade de seus organizadores. Foi realizado o Depósito Legal na Fundação Biblioteca Nacional, de acordo com as Leis nos
10.994, de 14/12/2004, e 12.192, de 14/01/2010.

Catalogação na Fonte
Elaborado por: Josefina A. S. Guedes
Bibliotecária CRB 9/870

M838v
2020
	Moreira, Marina
	    Vulnerabilidades / Marina Moreira, Luiza Lense, Mayra Rocha
	    1. ed. – Curitiba: Appris, 2020.
	    35 p. ; 14,8 cm. (Artêra)
	
	    Inclui bibliografias
	    ISBN 978-65-5523-638-5
	
	     1. Ficção brasileira.
	    I. Lense, Luiza. II. Rocha, Mayra. III. Título. IV. Série.
	
	                                                        CDD – 869.3

Appris editora

Editora e Livraria Appris Ltda.
Av. Manoel Ribas, 2265 – Mercês
Curitiba/PR – CEP: 80810-002
Tel. (41) 3156 - 4731
www.editoraappris.com.br

Printed in Brazil
Impresso no Brasil

Marina Moreira
Luiza Lense
Mayra Rocha

Vulnerabilidades

FICHA TÉCNICA

EDITORIAL
Augusto V. de A. Coelho
Marli Caetano
Sara C. de Andrade Coelho

COMITÊ EDITORIAL
Andréa Barbosa Gouveia (UFPR)
Jacques de Lima Ferreira (UP)
Marilda Aparecida Behrens (PUCPR)
Ana El Achkar (UNIVERSO/RJ)
Conrado Moreira Mendes (PUC-MG)
Eliete Correia dos Santos (UEPB)
Fabiano Santos (UERJ/IESP)
Francinete Fernandes de Sousa (UEPB)
Francisco Carlos Duarte (PUCPR)
Francisco de Assis (Fiam-Faam, SP, Brasil)
Juliana Reichert Assunção Tonelli (UEL)
Maria Aparecida Barbosa (USP)
Maria Helena Zamora (PUC-Rio)
Maria Margarida de Andrade (Umack)
Roque Ismael da Costa Güllich (UFFS)
Toni Reis (UFPR)
Valdomiro de Oliveira (UFPR)
Valério Brusamolin (IFPR)

ASSESSORIA EDITORIAL
João Simino

REVISÃO
Andrea Bassoto Gatto

PRODUÇÃO EDITORIAL
Lucas Andrade

DIAGRAMAÇÃO
Daniela Baumguertner

CAPA
Eneo Lage

COMUNICAÇÃO
Carlos Eduardo Pereira
Débora Nazário
Kananda Ferreira
Karla Pipolo Olegário

LIVRARIAS E EVENTOS
Estevão Misael

GERÊNCIA DE FINANÇAS
Selma Maria Fernandes do Valle

COORDENADORA COMERCIAL
Silvana Vicente

FICHA TÉCNICA

EDITORIAL	Augusto V. de A. Coelho
	Marli Caetano
	Sara C. de Andrade Coelho
COMITÊ EDITORIAL	Andréa Barbosa Gouveia (UFPR)
	Jacques de Lima Ferreira (UP)
	Marilda Aparecida Behrens (PUCPR)
	Ana El Achkar (UNIVERSO/RJ)
	Conrado Moreira Mendes (PUC-MG)
	Eliete Correia dos Santos (UEPB)
	Fabiano Santos (UERJ/IESP)
	Francinete Fernandes de Sousa (UEPB)
	Francisco Carlos Duarte (PUCPR)
	Francisco de Assis (Fiam-Faam, SP, Brasil)
	Juliana Reichert Assunção Tonelli (UEL)
	Maria Aparecida Barbosa (USP)
	Maria Helena Zamora (PUC-Rio)
	Maria Margarida de Andrade (Umack)
	Roque Ismael da Costa Güllich (UFFS)
	Toni Reis (UFPR)
	Valdomiro de Oliveira (UFPR)
	Valério Brusamolin (IFPR)
ASSESSORIA EDITORIAL	João Simino
REVISÃO	Andrea Bassoto Gatto
PRODUÇÃO EDITORIAL	Lucas Andrade
DIAGRAMAÇÃO	Daniela Baumguertner
CAPA	Eneo Lage
COMUNICAÇÃO	Carlos Eduardo Pereira
	Débora Nazário
	Kananda Ferreira
	Karla Pipolo Olegário
LIVRARIAS E EVENTOS	Estevão Misael
GERÊNCIA DE FINANÇAS	Selma Maria Fernandes do Valle
COORDENADORA COMERCIAL	Silvana Vicente

Vulnerabilidades

Editora Appris Ltda.
1.ª Edição - Copyright© 2020 dos autores
Direitos de Edição Reservados à Editora Appris Ltda.

Nenhuma parte desta obra poderá ser utilizada indevidamente, sem estar de acordo com a Lei nº 9.610/98. Se incorreções forem encontradas, serão de exclusiva responsabilidade de seus organizadores. Foi realizado o Depósito Legal na Fundação Biblioteca Nacional, de acordo com as Leis nos 10.994, de 14/12/2004, e 12.192, de 14/01/2010.

Catalogação na Fonte
Elaborado por: Josefina A. S. Guedes
Bibliotecária CRB 9/870

M838v 2020	Moreira, Marina Vulnerabilidades / Marina Moreira, Luiza Lense, Mayra Rocha 1. ed. – Curitiba: Appris, 2020. 35 p. ; 14,8 cm. (Artêra) Inclui bibliografias ISBN 978-65-5523-638-5 1. Ficção brasileira. I. Lense, Luiza. II. Rocha, Mayra. III. Título. IV. Série.
	CDD – 869.3

Appris *editora*

Editora e Livraria Appris Ltda.
Av. Manoel Ribas, 2265 – Mercês
Curitiba/PR – CEP: 80810-002
Tel. (41) 3156 - 4731
www.editoraappris.com.br

Printed in Brazil
Impresso no Brasil

Marina Moreira
Luiza Lense
Mayra Rocha

Vulnerabilidades

Appris *editora*

A todas as garotas que eu amo.

Agradecimentos

Antes, gratidão era palavra que embaraçava, logo não inclusa no vocabulário. Hoje, tem presença constante em nossas vidas.

Somos três partes deste pequeno todo agradecendo àqueles que nos trouxeram ao mundo. Aos que nos amam, sejam amigos, afetos, familiares. Aos que cruzaram nossos caminhos, entregaram-se e nos ensinaram um pouco mais sobre amor. Às pessoas que nos servem de inspiração, aconselham e abençoam nossa caminhada. Gratidão a todos que acreditaram neste projeto e permitiram que ele criasse vida.

Apresentação

Um belo dia, eu nasci... sem saber que para além do encanto da vida, há dor na existência.

Enquanto crescia, questionava a essência de todo ser.

Vivi apanhando do que acreditei serem relações confiáveis e então construí barreiras para me proteger.

Na vida adulta, me vi em desencanto por amar "errado" aos olhos alheios, pois o certo, perante eles, era dividir o amor com apenas um ser até que a morte nos separasse.

Em meio ao caos e lutando contra a culpa por amar mais de um alguém especial, esta história transbordou de mim.

Somos três partes integrantes deste projeto, cada página tem um pedacinho nosso, um desafio vencido, um medo manifestado, uma insegurança encarada. São traços diferentes elaborados por aquelas que aceitaram minha forma de amar.

Envoltas nesse turbilhão de sentimentos, acreditamos que o amor seja a essência que nos une e nos permite superar as adversidades.

Mesmo assustadas, resolvemos seguir em frente e como fruto da nossa coragem convidamos você a se conectar com as nossas @vulnerabilidades_

Marina Moreira

Você já amou ou foi amado de maneira

a não conseguir compreender?

Essa história se passa em um mundo de pouca fé e muito egoísmo.

Onde os seres rotulavam uns aos outros de "meu" e "minha"

Onde, supostamente, amor era representado por ciúme e posse.

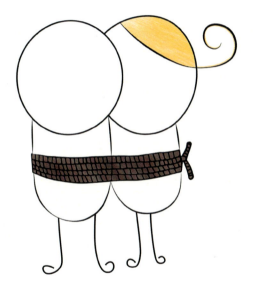

Nesse mundo, frases como "Você é só minha" eram ovacionadas.

Um belo dia, surgiu o que os seres chamaram de ANORMAL.

Não existia nome, termo ou expressão que a definisse.

Logo, toda sua existência parecia anormal: como falava, movia-se, vestia-se, gesticulava.

Dizer "Eu gosto de você", abraçar afetuosamente, era motivo de estranheza para os outros.

E assim ela cresceu, acreditando que amor era coisa de 1 pra 1.

$$S2 = \frac{1}{1} <3$$

"Não se pode amar mais de um ser ao mesmo tempo, porque amor é coisa finita. Tem nome, sobrenome e endereço", diziam.

Em toda sua construção como indivíduo, foi isso
que escutou e viu reproduzirem.

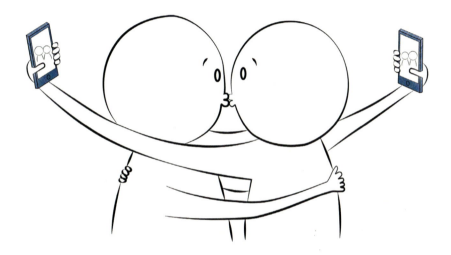

Em paralelo, pensava: "Que curioso... Esses casais se gabam de seus relacionamentos padrões, mas não me parecem ter carinho no olhar, não falam ou demonstram amor".

Mesmo assim, absorveu relacionamentos 1 pra 1 como verdade absoluta. E tentou reproduzir isso em todos os seus.

Chamou de "minha", "meu amor", algemou o dedo, negou sentir atração por outres. Mentiu para si e para o próximo, provendo o discurso do felizes para sempre, envolvendo filhos, gato, cachorro, casa, carro. Se não fosse assim, não era verdadeiro, não valia a pena ser vivido, mesmo tendo tatuado em seu corpo que nada é para sempre.

Mas apesar de todo o seu esforço para seguir os padrões, não obteve sucesso.

Quando acreditava que aquela seria o amor de sua vida e, no futuro, haveria uma comunhão (seguindo o que lhe era imposto e, inconscientemente, fazia parte do seu ser), o relacionamento acabava.

Daquilo que eles chamavam de namoro só ficavam as lembranças e a experiência.

E, no final das contas, não estava tudo bem ser "só" isso? O que mais aquilo deveria entregar aos habitantes daquele planeta confuso?

Essa nova ideia começou a consumir aquela que eles consideravam anormal...

"E se... quando um relacionamento começasse, não tivesse que durar para sempre? E se o discurso social do relacionamento 1 pra 1 fosse uma fraude? E se o amor fosse ilimitado e expansível? E se ninguém fosse propriedade de ninguém? E se amar e se entregar de pleno coração, mostrando-se vulnerável, fosse o que o mundo precisasse?".

Ela, então, pediu aos céus para não estar errada e que o amor que sentia pudesse completá-la e reverberar positivamente àqueles a sua volta.

Felizmente, o Universo é ativo e cheio de movimento.
Ao ver a luz no coração daquela centelha, permitiu que a trama da vida se tecesse e atraiu fagulhas que vibravam na mesma frequência que ela.

Pela primeira vez, ela viu que era saudável contar as coisas com coragem nas relações que envolviam amor e confiança.

Que ao buscar confiar no próximo, aprende-se a confiar em si mesmo. Sentiu-se amada, sem a obrigação do "para sempre". Não foram necessárias juras de amor irreais e, sim, uma comunicação sincera e honesta.

A matemática que reinava já não era 1 pra 1, em que os dois se anulavam e não somavam.

A fórmula passou a ser 1 ∞.

As conexões eram infinitas, assim como as possibilidades. O amor não cessava. Amar 🯅 não impedia de amar 🯆 e estava tudo bem.

Ao olhar para dentro, ela viu que tudo isso se encaixava e fazia sentido.

A complexidade das relações ainda existia, mas ela se sentia mais capaz de seguir nessa jornada porque havia descoberto completude em si, ao passo que agregava a sua caminhada seres incríveis e engrandecedores.